jiraf

giraffe

kangouwou

känguru

ensèk

fehler

makak

affe

poulp

tintenfisch

lapen

hase

reken

hai

tig

tiger

yak

yak

zèb

zebra

kayiman

alligator

chen

hund

jako

papagei

bèt yo

tiere

mouton

schaf

vètè

wurm

foumi

ameise

chat

katze

sèf

hirsch

elefan

elefant

pwason

fisch

manman poul

henne

igwanana

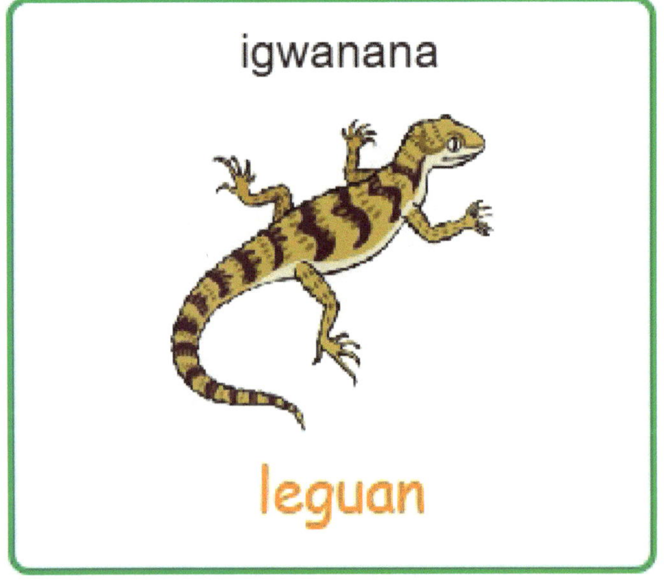

leguan

lyon

löwe

mol

maulwurf

chwèt

eule

kochon

schwein

kòk

hahn

kalmason

schnecke

kodenn

truthahn

balèn

wal

myèl

biene

kanna

ente

goril

gorilla

lous

bär

zwazo

vogel

poul	bèf

hähnchen	**kuh**
krab	chwal

krabbe	**pferd**
ti chat	ekirèy

kätzchen	**eichhörnchen**

papiyon

schmetterling

chamo

kamel

dofin

delphin

malfini

adler

chik

küken

rena

fuchs

krapo

frosch

kabrit

ziege

ipopotàm

nilpferd

panda

panda

ti chyen

hündchen

sourit yo

mäuse

pengwen

pinguin

koulèv

schlange

spider

spinne

tòti

schildkröte

lou

wolf

mouch

fliegt

ensèk
insekt

lou
koala

zòtolan
wachtel

rat
ratte

skunks
stinktiere

gepar
gepard

zandolit	mare

eidechse	**stute**

otrich	zuit

strauß	**auster**

pelikan	pijon

pelikan	**taube**

rèn

rentier

swan

schwan

krapo

kröte

malfini

geier

mors

walross

paloud

muschel

kochon	jenou

eber	knie

men	je
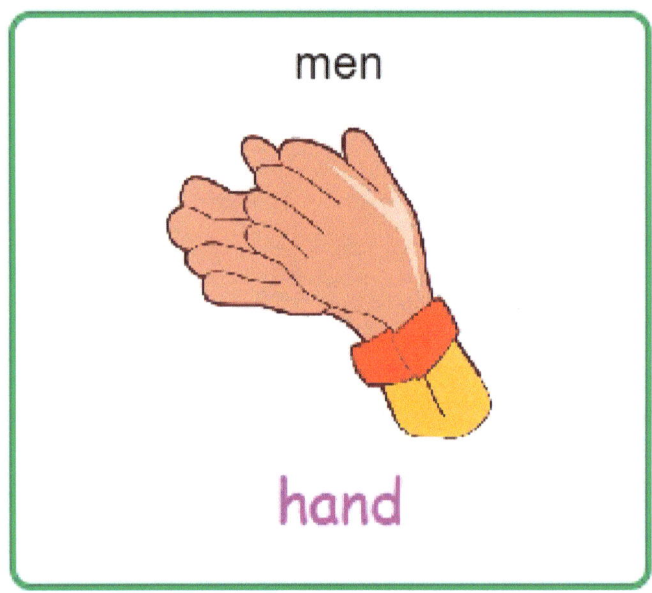	
hand	auge

tèt	janm

kopf	beine

cheve

haar

zòrèy

ohren

dwèt

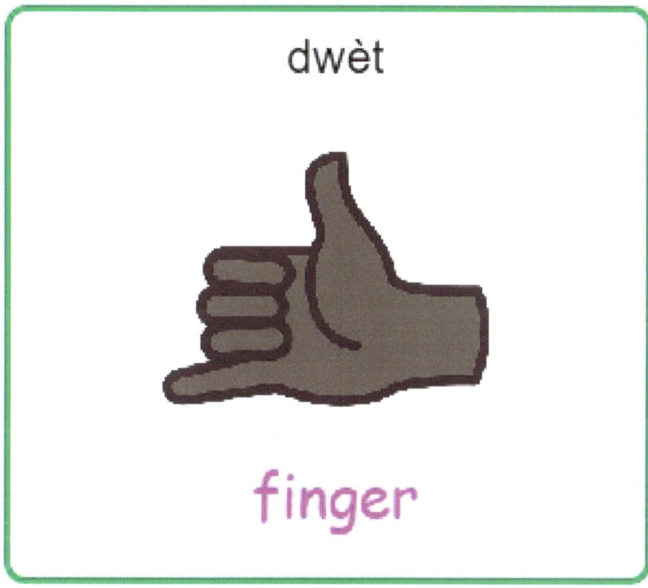

finger

nen

nase

dan

zahn

zepòl

schulter

bra

arm

bab

bart

manton

kinn

koud

ellbogen

fas

gesichter

bouch

mund

kou
hals

gwo pous
daumen

lang
zunge

misk
muskel

anch
hüfte

kò
karosserie

krèm

eis

konfiti

marmelade

melon

wassermelone

gato

kuchen

zoranj

orange

yogout

joghurt

sitwon

zitrone

lèt

milch

pwa

birnen

pòm

apfel

pen

brot

kokoye

kokosnuss

bwokoli

brokkoli

pwa yo

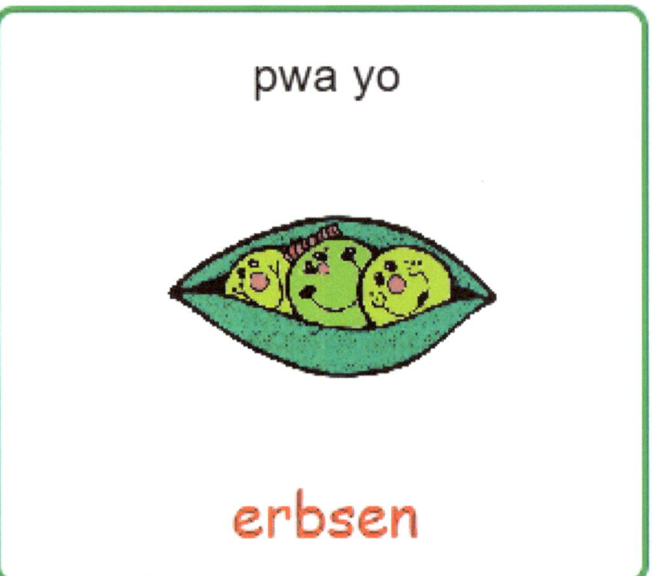

erbsen

sòs salad

salat

tchili

chili

cherry

kirsche

bannann

banane

frèz

erdbeere

anana

ananas

pwa

bohne

sirèt

süßigkeiten

kam

schinken

ji

saft

kiwi

kiwi

vyann

fleisch

nwa

nüsse

zonyon

zwiebel

sòs tomat

ketchup

fwomaj

käse

rezen

traube

kawòt

karotte

pouding

pudding

nouy

nudeln

pistach

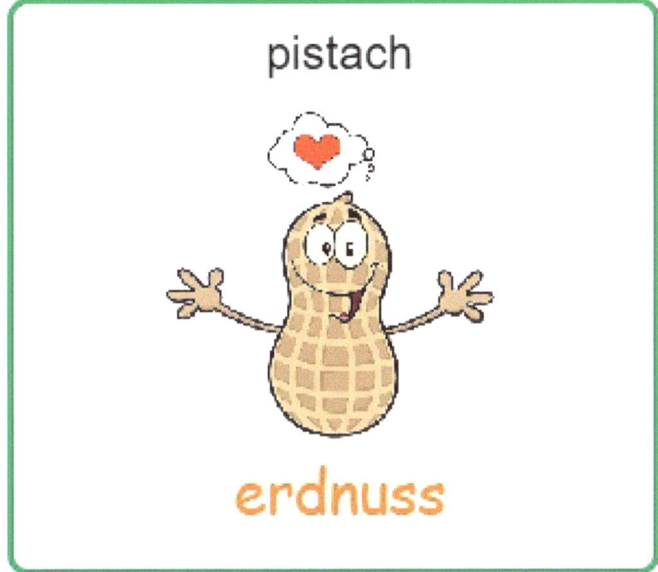

erdnuss

pòmdetè

kartoffel

tranch

steak

beye

donuts

legim

gemüse

sosis

wurst

pi

kuchen

siwo myèl

honig

soup

suppe

zaboka

avocado

chokola

schokolade

pitza

pizza

tomat

tomate

aux

auberginen

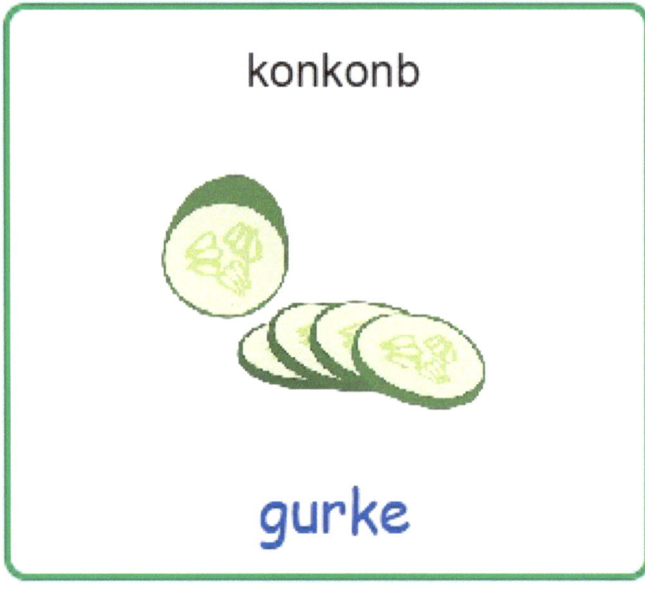

konkonb
gurke

chadèk
grapefruit

sandwich
sandwiches

pèch
pfirsich

ze
eier

prin
pflaume

grenad

granatapfel

franbwaz

himbeere

tangerine

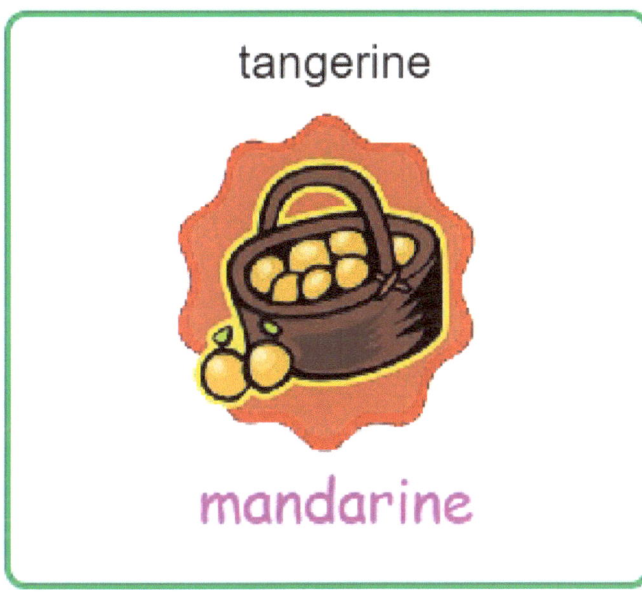

mandarine

ble

weizen

bonbon

plätzchen

djondjon

pilz

navèt

rübe

glan

eicheln

mayi

mais

ti bebe

baby

wa

könig

timoun yo

kinder

larenn

könignin

ti gason

junge

frè

bruder

timoun yo

kinder

kiltivatè

farmer

papa

vater

ti fi

mädchen

nonm

mann

manman

mutter

sorcier

hexen

sè

schwester

kwafè

barbier

zanmi

freund

doktè

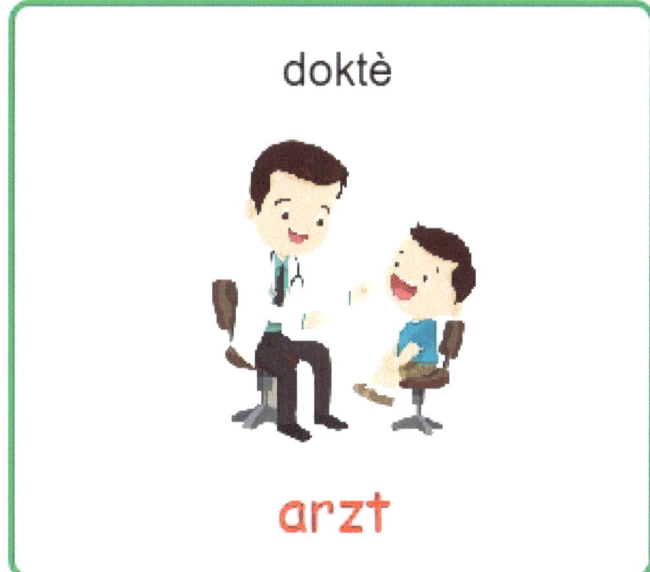

arzt

enfimyè

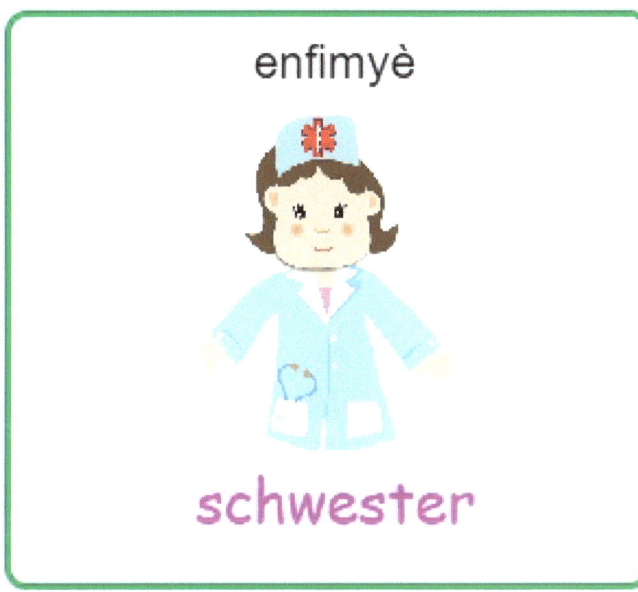

schwester

majisyen

zauberer

fotograf

fotograf

bato

pirat

chef

koch

anj

engel

knight

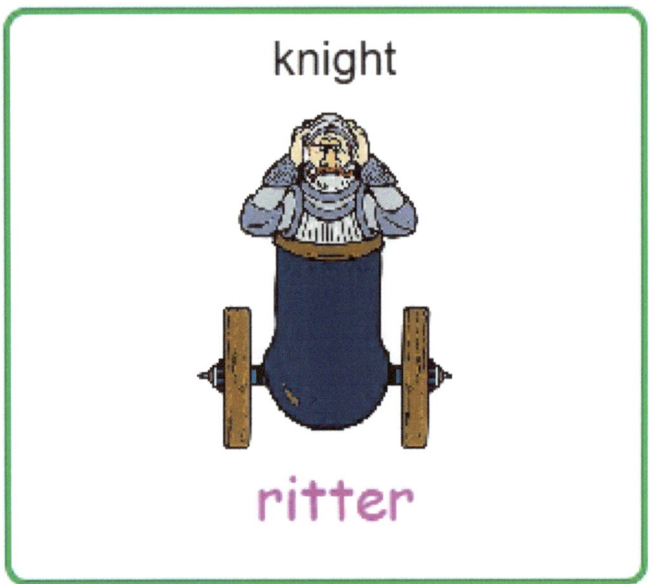

ritter

sirèn

nixe

princess

prinzessin

pwofesè

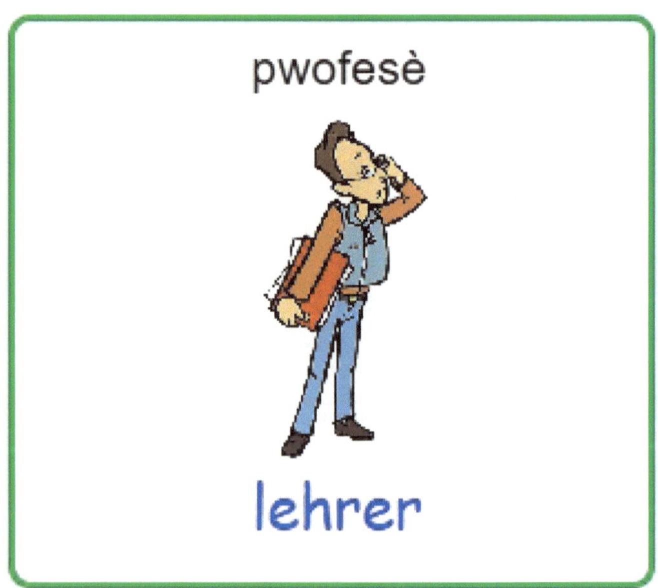

lehrer

papa

papa

atis

künstler

mizisyen

musiker

bouche

metzger

lidè yo

führer

manadjè

manager

politisyen

politiker

li

ihm

boulanje

bäcker

vòlè

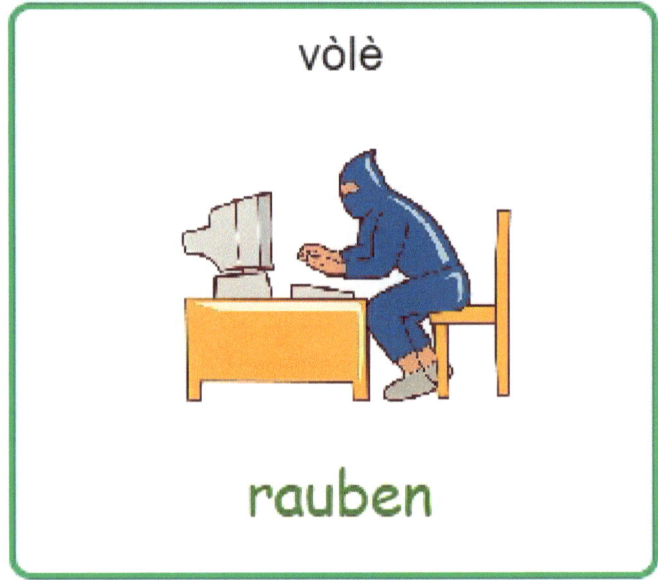

rauben

bòs chapant

zimmermann

jandam

polizist

garçons	polisye

kellner	**polizist**

timoun piti	manman

kleinkinder	**mama**

sèvant	avyon

maid	**flugzeug**

machin

auto

scooters

roller

bisiklèt

fahrrad

van

van

otobis

bus

bisiklèt

fahrrad

tren

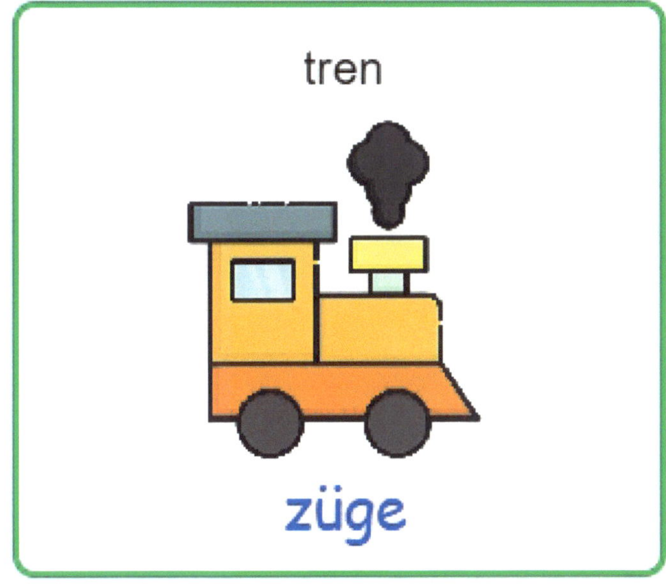

züge

kamyon yo

lastwagen

djip

jeeps

taksi

taxi

kabwèt

wagen

fize

rakete

kabwa

karren

boul la

ball

drapo

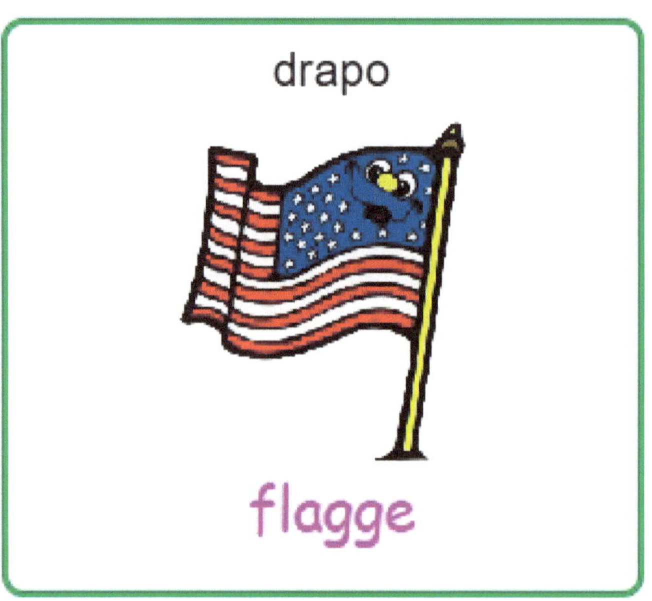

flagge

chodyè

schwenken

vaz

vase

sèvyèt

handtuch

sak

tasche

krich

krug

valiz lekòl

rucksack

nich

nest

pyebwa

baum

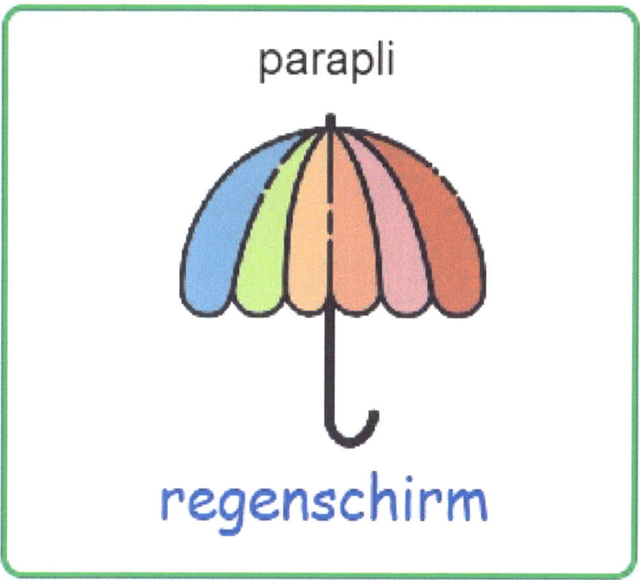

parapli

regenschirm

vòlkan

vulkan

lank

anker

fil

garn

zip

reißverschluss

kolye

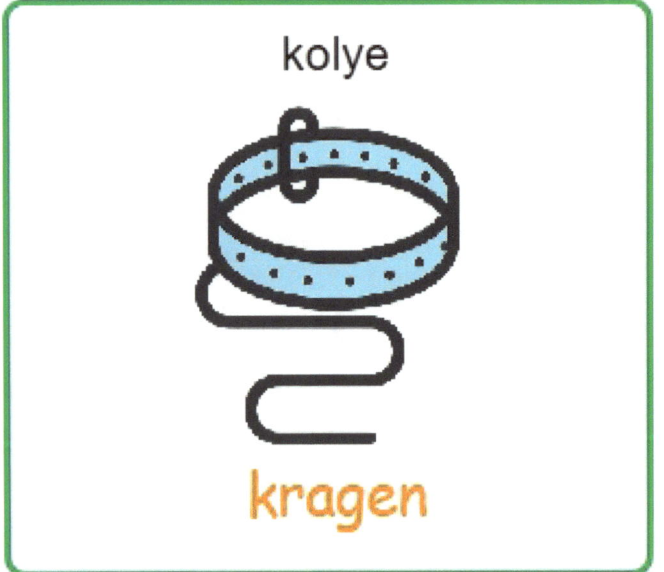

kragen

glas

spiegel